La ciencia de los seres vivos

¿Qué es un Dinosaurio?

Niki Walker y Bobbie Kalman

Crabtree Publishing Company

www.crabtreebooks.com

Serie La ciencia de los seres vivos
Un libro de Bobbie Kalman

Para Josh
con amor y agradecimiento por el Edificio Empire State

Editora en jefe
Bobbie Kalman

Equipo de redacción
Niki Walker
Bobbie Kalman

Editora ejecutiva
Lynda Hale

Investigación
Niki Walker
Allison Larin

Equipo de edición
John Crossingham
Heather Levigne
Jane Lewis

Diseño por computadora
Niki Walker
Lynda Hale
Robert MacGregor (portada)

Coordinación de producción
Hannelore Sotzek

Consultor
El Dr. Ronald Litwin es un geólogo profesional que ha trabajado exhaustivamente con piedras que contienen fósiles de dinosaurios en América del Norte.

Consultor lingüístico
Dr. Carlos García, M.D., Maestro bilingüe de Ciencias, Estudios Sociales y Matemáticas

Fotografías y reproducciones
Brian Franczak: páginas 8, 9 (ambas), 15, 18-19, 21, 22, 25, 30 (parte superior); Mark Hallett Illustrations: portada, páginas 4, 14, 16, 17, 20, 23, 27; Douglas Henderson: página 26; Photo Researchers, Inc.: Francois Gohier: página 11 (parte inferior); Photo Researchers, Inc./Science Photo Library: Victor Habbick Visions: página 29 (parte inferior); John Reader: página 11 (parte superior); D. Van Ravenswaay: página 28; Digital Stock: página de título

Ilustraciones
Trevor Morgan: páginas 12-13 (caderas); Bonna Rouse: contraportada (huevo), páginas 5, 6-7, 10, 12-13 (todas excepto las caderas), 18, 24, 29 (parte superior), 30 (parte inferior izquierda); Doug Swinamer: página 30 (parte inferior izquierda)

Traducción
Servicios de traducción al español y de composición de textos suministrados por translations.com

Library and Archives Canada Cataloguing in Publication

Walker, Niki, 1972-
¿Qué es un dinosaurio? / Niki Walker & Bobbie Kalman.

(La ciencia de los seres vivos)
Includes index.
Translation of: What is a dinosaur?.
ISBN-13: 978-0-7787-8764-8 (bound)
ISBN-13: 978-0-7787-8810-2 (pbk.)
ISBN-10: 0-7787-8764-8 (bound)
ISBN-10: 0-7787-8810-5 (pbk.)

1. Dinosaurs--Juvenile literature. I. Kalman, Bobbie, 1947- II. Title.
III. Series: Ciencia de los seres vivos

QE861.5.W3418 2006   j567.9   C2006-904541-0

Library of Congress Cataloging-in-Publication Data

Walker, Niki, 1972-
[What is a dinosaur?. Spanish]
¿Qué es un dinosaurio? / written by Niki Walker & Bobbie Kalman.
p. cm. -- (La Ciencia de los seres vivos)
Includes index.
ISBN-13: 978-0-7787-8764-8 (rlb)
ISBN-10: 0-7787-8764-8 (rlb)
ISBN-13: 978-0-7787-8810-2 (pb)
ISBN-10: 0-7787-8810-5 (pb)
1. Dinosaurs--Juvenile literature. I. Kalman, Bobbie. II. Title. III. Series.

QE862.D5W2218 2006
567.9--dc22
                                                    2006025125

Crabtree Publishing Company
www.crabtreebooks.com   1-800-387-7650

Publicado en Canadá
Crabtree Publishing
616 Welland Ave.,
St. Catharines, ON
L2M 5V6

Publicado en los Estados Unidos
Crabtree Publishing
PMB16A
350 Fifth Ave., Suite 3308
New York, NY 10118

Publicado en el Reino Unido
Crabtree Publishing
White Cross Mills
High Town, Lancaster
LA1 4XS

Publicado en Australia
Crabtree Publishing
386 Mt. Alexander Rd.
Ascot Vale (Melbourne)
VIC 3032

Contenido

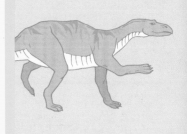

¿Qué es un dinosaurio?

*Los dinosaurios eran **bípedos** (de dos patas) o **cuadrúpedos** (de cuatro patas). Algunos eran mucho más grandes que los elefantes, mientras que otros eran pequeños como pollos, incluso de adultos.*

Los dinosaurios eran un grupo de **reptiles** antiguos que habitaron la Tierra durante aproximadamente 150 millones de años. La palabra "dinosaurio" significa "lagarto terrible". Los dinosaurios recibieron este nombre en 1842, antes de que los científicos descubrieran que no eran lagartos.

¿Parientes de los reptiles?

Entre los dinosaurios y los reptiles modernos, como los cocodrilos, hay tanto semejanzas como diferencias. Al igual que otros reptiles, los dinosaurios tenían escamas en la piel y nacían de huevos. Los científicos no saben si eran **de sangre fría**, como los reptiles actuales. La temperatura del cuerpo de los animales de sangre fría cambia con su entorno. Algunas partes del esqueleto de los dinosaurios, como el cráneo y las patas, eran distintas de las de otros reptiles.

Los dinosaurios, como las aves, tenían articulaciones en los tobillos que los forzaban a tener miembros verticales. Los reptiles, como el dragón de Komodo que se ve arriba, tienen articulaciones más flexibles en los tobillos. Cuando están de pie, su cuerpo es más horizontal.

pterosaurios

ictiosaurios

plesiosaurios

¿Qué no es un dinosaurio?

Los dinosaurios fueron sólo uno de muchos grupos de reptiles prehistóricos. Algunos de estos reptiles, como los pterosaurios, los ictiosaurios y los plesiosaurios, vivieron al mismo tiempo que los dinosaurios, pero no eran dinosaurios. Los dinosaurios no volaban, y los pterosaurios sí. Ningún dinosaurio vivía totalmente en el agua, pero los ctiosaurios y plesiosaurios sí.

La Tierra hace muchos años

La historia de la Tierra se divide en largos bloques de tiempo llamados **eras**. En cada era, ciertos animales eran más comunes. Los dinosaurios vivieron en la era mesozoica, también conocida como la era de los reptiles y la era de los dinosaurios.

La era paleozoica

Hace 590 a 245 millones de años
El nombre "paleozoico" significa "vida antigua". En esta era, los animales más comunes eran los gusanos, los peces, las medusas, los anfibios y los insectos.

El triásico

La era mesozoica

Hace 245 a 65 millones de años
El nombre "mesozoico" significa "vida media". En esta era, los dinosaurios y otros reptiles prehistóricos eran los animales más comunes. Esta era se subdivide en los períodos **triásico**, **jurásico** y **cretácico.**

Este diagrama muestra las criaturas que eran más comunes el las eras paleozoica, mesozoica y cenozoica de la historia de la Tierra. La mayor parte de la historia de la Tierra en realidad tuvo lugar antes de la era paleozoica. Las criaturas que vivieron antes de esa era no tenían conchas duras para protegerse o para sostener su cuerpo, y por lo tanto eran pequeñas.

La era cenozoica

Hace 65 millones de años hasta el presente
El nombre "cenozoico" significa "vida reciente". Esta era también se llama la era de los mamíferos, porque estos animales se volvieron comunes.

La cambiante Tierra

En el período triásico, toda la tierra del planeta constituía un solo continente, llamado **Pangea**. Los primeros dinosaurios aparecieron a finales del período triásico.

Pangea comenzó a dividirse durante el período jurásico, pero los continentes estaban conectados por puentes de tierra. Los dinosaurios todavía podían caminar por toda la tierra.

Período triásico:
hace 245 a 205 millones de años

En el período cretácico, Pangea se dividió en los continentes que conocemos actualmente. Las **especies** de dinosaurios de cada continente comenzaron a diferenciarse unas de otras.

Período jurásico:
hace 205 a 144 millones de años

Período cretácico:
hace 144 a 65 millones de años

El jurásico

El cretácico

La era de los dinosaurios

Los dinosaurios vivieron durante la era mesozoica. Como la Tierra cambió durante este tiempo (ver globos de la página 7), los dinosaurios se **adaptaron** o cambiaron con su entorno. **Evolucionaron**, es decir, su cuerpo y comportamiento cambiaron para que fuera más fácil sobrevivir. Mientras que algunas especies de dinosaurios desaparecieron rápidamente, otras sobrevivieron dos períodos mesozoicos.

El período triásico

Los primeros dinosaurios que se han descubierto eran bípedos pequeños **carnívoros** o que comían carne. El *Coelophysis* (ver página 15) es un ejemplo de estos cazadores veloces. Los primeros **herbívoros** conocidos llegaron poco después. Estos animales se alimentaban de plantas y desarrollaron cuerpos más grandes que los carnívoros del triásico.

Todos los herbívoros necesitan un estómago grande para digerir las plantas que comen. Su gran tamaño también debió protegerlos de sus pequeños enemigos carnívoros.

Muchos herbívoros, como estos Plateosaurus, comenzaron a caminar en cuatro patas porque les era difícil estar erguidos debido a su gran vientre.

El período jurásico

Durante este período, Pangea se estaba dividiendo. Comenzaron a aparecer mares poco profundos y cadenas montañosas. A medida que la tierra cambiaba, el clima también lo hacía. Estos cambios hicieron que las plantas y los árboles crecieran y se esparcieran. Distintas especies de dinosaurios evolucionaron para vivir en estos **hábitats** u hogares naturales de bosques. Aparecieron los dinosaurios herbívoros gigantes, y los carnívoros grandes evolucionaron para cazarlos. Algunos herbívoros desarrollaron placas, púas, corazas óseas y cuernos para protegerse de los carnívoros.

En el período jurásico vivieron enormes carnívoros, como el Ceratosaurus. *Algunos de estos dinosaurios fueron los carnívoros terrestres más grandes que han existido.*

El período cretácico

En el período cretácico, las partes de Pangea se habían separado. Distintos dinosaurios evolucionaron en cada uno de los nuevos continentes. Las plantas con flores y los mamíferos pequeños también se hicieron más comunes. Sin embargo, hacia el final de este período, los dinosaurios desaparecieron. Los científicos no saben con certeza por qué. Pasa a la página 28 para aprender más sobre el final de los dinosaurios.

Los Triceratops *fueron unos de los últimos dinosaurios que recorrieron la Tierra hace 65 millones de años.*

Aprender de los fósiles

La información que tenemos sobre los dinosaurios proviene de los **fósiles**. Los fósiles son restos similares a piedras de animales que murieron y quedaron enterrados rápidamente bajo capas de tierra y roca. Algunos de los mejores lugares para encontrar fósiles de dinosaurios son la región oeste de América del Norte, Argentina, China, Europa, África y Mongolia.

Los fósiles de dinosaurio se dividen en dos grupos. El primero incluye los **cuerpos fósiles**, como huesos, piel y huevos. El segundo grupo, los **rastros fósiles**, son los restos de las actividades o movimientos de un animal. Incluyen los nidos y las huellas. Hasta el estiércol de dinosaurio se puede convertir en fósil, y se llama **coprolito**.

Un **rastro de huellas** puede mostrar cómo se movía un dinosaurio.

En realidad, nunca sabremos cómo vivían y qué aspecto tenían los dinosaurios. Los fósiles, como este raro esqueleto completo de Iguanodon, son pistas que ayudan a los investigadores a imaginar cómo eran. ¿Cómo crees que vivían los dinosaurios?

El estudio de la vida antigua

El estudio de plantas y animales antiguos se llama **paleontología**, y los científicos que los estudian se llaman **paleontólogos**. Los paleontólogos han identificado más de 800 especies de dinosaurios a través de los fósiles. Algunos científicos creen que faltan muchas especies por descubrir.

El rompecabezas del pasado

Los paleontólogos no sólo identifican los dinosaurios, sino que también estudian los cuerpos y rastros fósiles para aprender cómo vivían. Usan la información de animales modernos para imaginar cómo vivían los dinosaurios y qué aspecto tenían. Los paleontólogos también necesitan excelentes habilidades de ciencias y matemáticas para **estimar** o calcular el aspecto, la velocidad o el comportamiento de un dinosaurio.

*Este grupo de paleontólogos **excava** con cuidado fósiles de una piedra.*

Los investigadores del laboratorio usan diminutos taladros, agujas y alfileres para limpiar los fósiles. ¡Limpiar fósiles puede tomar años!

Dinosauria

Todos los dinosaurios se clasifican en un gran grupo llamado **Dinosauria**. Este grupo se divide en dos grupos más pequeños: los **saurisquios** y los **ornitisquios**.

saurisquios

hueso púbico

Los saurisquios tenían un hueso púbico de la cadera que apuntaba hacia abajo y adelante.

Los saurisquios

Los saurisquios también se conocen como dinosaurios con cadera de lagarto porque los huesos de la cadera se parecen a los de los lagartos. Estas caderas pueden haber estado mejor adaptadas para cuerpos pesados.

Los saurisquios están compuestos por dos grupos más pequeños: los rápidos y feroces **terópodos** y los gigantescos **saurópodos**. Todos los dinosaurios carnívoros eran terópodos. Los dinosaurios más grandes y pesados que caminaron sobre la tierra eran saurópodos.

Los saurópodos eran herbívoros cuadrúpedos. Vivieron en los períodos jurásico y cretácico.

Brachiosaurus *(saurópodo)*

Tyrannosaurus rex
(terópodo)

Los primeros dinosaurios conocidos eran terópodos. Vivieron en los períodos triásico, jurásico y cretácico.

Coelophysis
(terópodo)

12

Los ornitisquios

Los **ornitisquios**, o dinosaurios con cadera de ave, tenían huesos de la cadera parecidos a los de las aves modernas. Estos herbívoros daban pasos más largos que los saurisquios. Algunos eran bípedos y otros eran cuadrúpedos.

Los ornitisquios se dividen en tres grupos más pequeños: los **ornitópodos**, los **tireóforos** y los **marginocéfalos**. Muchos ornitópodos probablemente usaran su velocidad para escapar de los depredadores. Los tireóforos y los marginocéfalos desarrollaron corazas para protegerse.

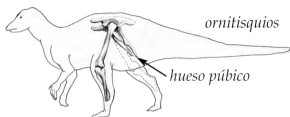

ornitisquios

hueso púbico

Los ornitisquios tenían un hueso púbico que apuntaba hacia abajo y atrás.

Heterodontosaurus (ornitópodo)

Algunos científicos piensan que los paquicefalosaurios pertenecen a un grupo aparte (ver la página 23).

Pachycephalosaurus

Ankylosaurus (tireóforo)

Los tireóforos tenían una coraza para protegerse de los dientes y las garras de los depredadores.

La mayoría de los marginocéfalos tenían cuernos que usaban para defenderse.

Stegosaurus (tireóforo)

Triceratops (marginocéfalo)

Los terópodos

Hay más de 100 tipos conocidos de terópodos. Dos grupos de terópodos son los **carnosaurios** y los **celurosaurios**. Los carnosaurios eran dinosaurios grandes y pesados. Algunos estaban entre los carnívoros terrestres más grandes. Los celurosaurios eran pequeños y livianos, con huesos huecos. Los científicos creen que un grupo de celurosaurios pueden ser los ancestros de las aves.

El Carcharodontosaurus, *un carnosaurio grande, defiende su presa de un carroñero llamado* Deltadromeus.

El menú de los terópodos

Los terópodos eran carívoros. Los carnosaurios se alimentaban principalmente de otros dinosaurios. Los celurosaurios quizá comían lagartijas, mamíferos, insectos, huevos y crías de dinosaurio. Los científicos han encontrados huellas que indican que muchos terópodos cazaban en manadas. Otros terópodos eran **carroñeros**. No mataban para alimentarse, sino que robaban las presas de otros animales o se alimentaban de animales muertos que encontraban.

Hechos para cazar

Grandes o pequeños, todos los terópodos estaban hechos para cazar. Se paraban y caminaban con las patas traseras, y mantenían la cola recta para equilibrarse. Los terópodos tenían dos o tres dedos con garras filosas en cada pata delantera. Casi todos tenían las mandíbulas llenas de dientes filosos como cuchillos.

(arriba) Es probable que los celurosaurios pequeños como el Coelophysis *vivieran y cazaran en manadas.*

Los saurópodos

Los saurópodos eran dinosaurios inmensos y de cuerpo largo. Los científicos piensan que viajaban en grandes manadas, alimentándose de plantas. Se han encontrado fósiles de cerca de 60 especies de saurópodos en todos los continentes, excepto en la Antártida.

Un cuerpo ideal

El cuerpo de los saurópodos nos puede parecer torpe y pesado, pero estaba bien adaptado para su estilo de vida herbívoro y viajero. Las patas gruesas sostenían el pesado cuerpo del dinosaurio y eran ideales para recorrer grandes distancias a paso lento. El cuello largo y la cabeza angosta le permitían llegar a la punta de los árboles y entre las ramas. La mayoría tenía dientes poco desarrollados y es probable que no masticaran el alimento. Los paleontólogos piensan que molían el alimento con piedras que tenían en el estómago. La larga cola les servía para equilibrar el resto del cuerpo. La pueden haber usado como látigo, para defenderse de los depredadores. Este dinosaurio gigante también pudo haberse parado sobre las patas traseras para aplastar a su atacante con las delanteras.

Los saurópodos son los animales terrestres más largos, altos y pesados que han existido. El Ultrasaurus *medía 56 pies (17 m) de altura. El gigante* Seismosaurus *medía 130 pies (40 m) de longitud. Era el dinosaurio más largo conocido.*

Ultrasaurus

Seismosaurus

Supersaurus

Diplodocus

Los ornitópodos

El nombre "ornitópodo" significa "patas de ave". Es probable que los ornitópodos pequeños (ver página 13) corrieran rápidamente sobre dos o cuatro patas. Los más grandes, como el hadrosaurio que se muestra a la derecha, probablemente eran cuadrúpedos y se movían con mayor lentitud.

Los ornitópodos se alimentaban de plantas y es probable que deambularan en grandes manadas. Como tenían pocas defensas, al vivir en manada era más fácil escapar de los atacantes.

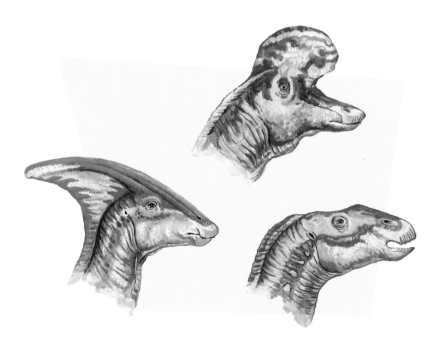

(arriba) Algunos hadrosaurios tenían crestas huecas en la parte superior de la cabeza. Es posible que las crestas les sirvieran para reconocer a otros miembros de su manada o que las usaran para producir sonidos.

A algunos hadrosaurios también son conocidos como dinosaurios pico de pato. El Anototitian que aparece aquí tenía un hocico ancho, chato y sin dientes, similar al pico de un pato.

Los estegosaurios

El nombre "estegosaurio" significa "lagarto cubierto". Todos los estegosaurios pertenecían al grupo de los tireóforos. Tenían placas o púas de hueso que los protegían de sus enemigos. Al ser atacados, es posible que movieran su cola llena de púas como si fuera un mazo. Las placas también pueden haber liberado el exceso de calor en el cuerpo para que estos dinosaurios estuvieran frescos. Es probable que estos herbívoros de cuatro patas se pararan sobre las patas traseras para alcanzar las plantas más altas. Usaban sus pequeños dientes para masticar hojas blandas.

Hay más de diez tipos conocidos de estegosaurios. El más conocido es el Stegosaurus. *Este dinosaurio era el estegosaurio más grande y también tenía las placas más grandes.*

Los anquilosaurios

El nombre "anquilosaurio" significa "lagarto **fusionado**". Tenían grandes placas de hueso fusionadas o unidas sobre el lomo y alrededor de la cabeza. ¡Imagina tratar de morderlo! Algunos, como este *Panoplosaurus*, también tenían grandes bolas de hueso en el extremo de la cola. Es posible que las usaran como mazo contra los enemigos. Los anquilosaurios pertenecían al grupo de los tireóforos.

Los ceratopsios

El nombre "ceratopsio" significa "cabeza con cuernos". Muchos ceratopsios tenían cuernos filosos en la nariz y sobre los ojos. Todos tenían golas de hueso que rodeaban la parte posterior de la cabeza. Es probable que les sirvieran de protección para el cuello y para equilibrar su larga cabeza. Los ceratopsios eran herbívoros y su boca tenía forma de pico. Las mandíbulas se abrían y se cerraban como una tijera, cortando fácilmente las hojas y otras partes de las plantas.

Los ceratopsios, como el Chasmosaurus *que aparece a la izquierda, eran marginocéfalos. Había más de 20 tipos de ceratopsios.*

Los paquicefalosaurios

Los paquicefalosaurios tenían gruesas capas de hueso en la parte superior del cráneo. Tal vez las usaban como arietes en peleas para determinar qué paquicefalosaurio era el más fuerte. Algunos científicos creen que estos dinosaurios pertenecen al mismo grupo que los marginocéfalos, pero otros piensan que estaban más emparentados con los ornitópodos. Otros paleontólogos afirman que los paquicefalosaurios no pertenecen a ninguno de esos grupos y que deberían formar un grupo aparte.

Si los paquicefalosaurios peleaban con la cabeza, su grueso escudo craneal les pudo haber servido para proteger el cerebro y la columna de lesiones.

Nidos y huevos

Los dinosaurios machos y hembras se apareaban a fin de **reproducirse** o tener crías. Los paleontólogos no saben mucho sobre cómo elegían a su **pareja**, pero sí saben que después de aparearse, las hembras ponían huevos de la misma forma en que los reptiles y las aves lo hacen hoy. Se han encontrado fósiles de huevos de sólo algunos tipos de dinosaurios.

Calentadores de huevos

Un huevo debe mantenerse caliente para que la cría que está dentro crezca. La mayoría de los dinosaurios construían nidos para mantener los huevos calientes y protegidos. Los nidos eran huecos poco profundos cavados en la tierra y cubiertos con plantas. Las plantas se pudrían y liberaban calor, que servía para calentar los huevos. Los cocodrilos actuales conservan el calor de sus huevos de la misma manera. Muchos dinosaurios eran muy pesados para **incubar** los huevos, es decir, mantenerlos calientes con sus cuerpos como lo hacen las aves.

Huevos excepcionales

Aunque algunos dinosaurios eran enormes, sus huevos no lo eran. Los huevos medían entre una y doce pulgadas (2.5 y 30 cm) de longitud. El huevo más grande que se ha encontrado hasta ahora pertenecía a un saurópodo. Medía un pie (30 cm) de largo y diez pulgadas (25 cm) de ancho.

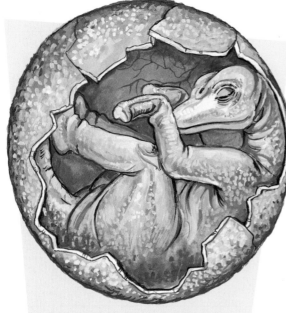

Las crías de dinosaurio tenían que crecer mucho antes de alcanzar el tamaño de los adultos. Este saurópodo medía cerca de 15 pulgadas (37.5 cm) de largo cuando nació. Para cuando se convirtió en adulto, medía casi 45 pies (13.7 m) de longitud.

Los dinosaurios que aparecen aquí se llaman **Maiasaura**, que significa "lagarto madre". Son los primeros ejemplos conocidos de dinosaurios que alimentaban a sus crías.

Crías de dinosaurio

Algunos dinosaurios recién nacidos ya tenían patas bien desarrolladas y abandonaban el nido casi de inmediato para buscar alimento. Sin embargo, muchas crías eran demasiado débiles para ello. Los científicos creen que los padres cuidaban a estas crías indefensas.

Los paleontólogos han hallado grandes grupos de nidos de dinosaurios. Es probable que un grupo de dinosaurios pudiera cuidar mejor a las crías que unos padres solitarios. Mientras unos adultos buscaban alimento, otros protegían los nidos.

Círculos protectores

Los paleontólogos piensan que los ceratopsios tal vez defendían a sus crías formando un gran círculo a su alrededor. Con cada dinosaurio mirando hacia fuera, los depredadores se encontrarían con cuernos filosos desde cualquier lugar del que atacaran. Los científicos también han hallado rastros fósiles que sugieren que los saurópodos adultos rodeaban a los miembros más jóvenes de la manada cuando viajaban. En el centro de la manada, los saurópodos jóvenes estaban mejor protegidos de los depredadores.

La gran muerte

Los dinosaurios habitaron la Tierra durante más de 150 millones de años, más que cualquier otro grupo de animales que haya habitado el planeta. Sin embargo, hace casi 65 millones de años, sucedió algo que causó la **extinción** o desaparición de los dinosaurios. No sólo los dinosaurios murieron, sino que más de la mitad de odas las especies de animales desaparecieron en ese momento. Los científicos llaman a este suceso "la extinción del cretácico". Hay muchas **teorías** o ideas distintas sobre cuál fue la causa de esta gran extinción.

Choque mortal

Una teoría reciente es que un enorme **asteroide** o roca del espacio se estrelló contra la Tierra. Los científicos han encontrado evidencias de que el choque se produjo cerca del final del período cretácico. El asteroide explotó al chocar la Tierra, y envió una gran nube de polvo y piedras al aire. La nube era tan densa que bloqueó casi toda la luz del sol. El choque también provocó incendios, tormentas y erupciones volcánicas. Las plantas murieron, y los animales herbívoros murieron de hambre. Los carnívoros que se alimentaban de los herbívoros también murieron de hambre. Aún quedan muchas preguntas pendientes sobre esta teoría.

En una época se pensaba que los mamíferos que se alimentaban de los huevos de dinosaurios comieron tantos que los dinosaurios desaparecieron. Actualmente, pocas personas aceptan esta teoría.

Muerte por el clima

Algunos científicos piensan que los dinosaurios no murieron a causa del asteroide y que la mayoría ya había desaparecido antes del choque. Argumentan que los dinosaurios desaparecieron lentamente porque el **clima** se enfrió hacia finales del período cretácico. ¿En tu opinión, qué teoría explica mejor la extinción del cretácico? ¿Tienes una teoría propia?

¿Están muertos realmente?

Muchos paleontólogos afirman que los dinosaurios en realidad nunca desaparecieron, sino que evolucionaron y se convirtieron en aves. Estos científicos creen que las aves son los descendientes de un grupo de celurosaurios. El cuerpo de las aves se parece mucho al de los celurosaurios. Por ejemplo, tienen huesos huecos y cráneo y patas similares. Los ancestros de las aves estaban cubiertos de escamas, como los celurosaurios. Sin embargo, con excepción de las escamas de las patas, las escamas de las aves se han convertido en plumas.

Los científicos han encontrado fósiles de varios dinosaurios cubiertos con pequeñas plumas primitivas.

Alas antiguas

El fósil de una criatura conocida como *Archaeopteryx* es un eslabón importante entre los dinosaurios y las aves. Los científicos creen que pudo haber sido la primera ave conocida. El *Archaeopteryx* tenía un esqueleto muy parecido al del celurosaurio, pero su cuerpo estaba cubierto de plumas. Su nombre significa "ala antigua".

Glosario

ancestro Animal del cual descienden animales similares

anquilosaurio Dinosaurio con placas óseas protectoras en el cuerpo y la cabeza

bípedo Animal que camina sobre dos patas

carnívoro Animal que come principalmente carne

carnosaurio Gran dinosaurio carnívoro bípedo

celurosaurio Pequeño dinosaurio carnívoro bípedo

ceratopsio Dinosaurio con una gola protectora de hueso; la mayoría tenía cuernos

coprolito Excremento animal convertido en fósil

cretácico El tercer período mesozoico

cuadrúpedo Animal que camina sobre cuatro patas

de sangre fría Expresión que describe a un animal cuya temperatura corporal cambia según la temperatura de su entorno

especie Grupo de seres vivos similares cuyas crías pueden reproducirse

estegosaurio Dinosaurio con grandes púas o placas protectoras en el lomo

evolucionar Cambiar a lo largo de un largo período de tiempo

excavar Escarbar para extraer algo de la tierra

extinción Desaparición de una especie de planta o animal

fósil Ser vivo, o marca dejada por un ser vivo, que con el tiempo se ha endurecido y convertido en roca

hadrosaurio Gran dinosaurio con cadera de ave que caminaba sobre dos o cuatro patas

ictiosaurio Antiguo reptil marino cuyo nombre significa "lagarto pez"

jurásico El segundo período mesozoico

marginocéfalo Dinosaurio con cadera de ave que tenía una coraza en la cabeza, como cuernos o golas de hueso

mesozoica Era de la Tierra durante la cual los dinosaurios existieron y se extinguieron

ornitisquios Grupo de dinosaurios cuyos huesos de la cadera eran similares a los de las aves modernas

ornitópodo Tipo de dinosaurio con cadera de ave

paleontología El estudio de la vida prehistórica

paquicefalosaurio Dinosaurio con cadera de ave, con una gruesa capa de hueso sobre el cráneo

pareja Compañero macho o hembra que un animal necesita para tener cría

plesiosaurio Reptil marino con cuello largo, cabeza pequeña y cuatro aletas

prehistórico Palabra que describe la época de la historia de la Tierra antes de que existieran los seres humanos

pterosaurio Reptil volador con grandes alas hechas de una membrana o piel

saurisquios Grupo de dinosaurios cuyos huesos de la cadera eran similares a los de los reptiles modernos

saurópodo Dinosaurio gigante con cadera de reptil que tenía cola y cuello largos

teoría Idea que sirve para explicar por qué o cómo sucedió algo

terópodo Dinosaurio carnívoro bípedo

tireóforo Dinosaurio con cadera de ave que tenía coraza, placas o púas

triásico El primer período mesozoico

índice

Impreso en Canadá